루카 노벨리(LUCA NOVELLI)

작가, 만화가 겸 저널리스트. 이탈리아에서 태어나고 자랐어요. 이탈리아 국영 방송국을 비롯하여 세계자연기금, 박물관, 대학 등과 협력하여 과학과 관련한 많은 프로젝트를 진행했어요. 라이 에듀케이셔널에서는 이 시리즈물의 바탕이 된 〈천재의 불꽃(Lampi di Genio)〉 프로그램의 작가 겸 디렉터로 일하기도 했어요.

2001년에는 이탈리아의 환경보호 단체인 레감비엔테가 수여하는 상을, 2004년에는 과학 대중화에 기여한 공로로 안데르센 상을 받았답니다. 또한, 2004년에 그는 다윈2 프로젝트를 시작하여 예전에 진행된 다윈의 비글호 탐험을 재현하기도 했어요. 그의 작품은 전 세계 20여 개 나라의 언어로 소개되어 어린이와 청소년의 꾸준한 사랑을 받고 있어요.

김영옥

국내 독자들에게 영미권의 좋은 책들을 소개하는 일에 큰 보람을 느끼고 있어요. 현재 바른번역 소속의 번역가로 활동하고 있답니다. 옮긴 책으로는 『호킹과 신비한 블랙홀』, 『테슬라, 전기의 마술사』, 『북유럽 신화 오딘, 토르, 로키 이야기』, 『마이펫의 이중생활1, 2』, 『크리스마스 할아버지와 나』, 『크리스마스를 구한 소녀』, 『프리다 칼로』, 『어떤 개를 찾으세요?』, 『고양이가 되다』, 『왜? 고맙다고 말해야 해요?』 등이 있어요.

NEWTON
For the Italian edition:
Original title: Newton e la formula dell'antigravità
Texts and illustrations by Luca Novelli
Cover graphic design by Alessandra Zorzetti
Graphic design by Studio Link (www.studio-link.it)

Copyright © 2008 Luca Novelli/Quipos srl
Copyright © 2008, 2019 Editoriale Scienza S.r.l., Firenze –Trieste
www.editorialescienza.it
www.giunti.it
All rights reserved

No part of this book may be used or reproduced in any manner
whatever without written permission, except in the case of brief quotations embodied
in critical articles or reviews.

Korean Translation Copyright © 2020 by Chungaram Media
Published by arrangement with Editoriale Scienza S.r.l.,
through BC Agency, Seoul.

이 책의 한국어판 저작권은 BC 에이전시를 통한 저작권자와의 독점 계약으로 청어람미디어에 있습니다.
신 저작권법에 의해 한국 내에서 보호를 받는 저작물이므로 무단전재와 무단복제를 금합니다.

뉴턴과 세상을 바꾼 사과

루카 노벨리 글·그림 | 김영옥 옮김

아이작 뉴턴
Isaac Newton

"나는 아직 발견되지 않은
모든 진실이 잠든 대양이 펼쳐진 바닷가에서
이따금 다른 것보다 더 부드러운 조약돌이나
더 예쁜 조개껍질을 줍는 어린아이에
지나지 않는다."

뉴턴은 천체역학의 아버지예요.
빛을 구성하는 성질도 발견했지요.
그리고 자신의 뒤를 잇는 모든 과학자가 사용하는 수학 법칙을
만들어내기도 했어요.
행성과 별을 포함한 모든 것과 모든 사람이 반드시 따를 수밖에
없는 물리학 법칙인 만유인력의 법칙도 뉴턴이 발견했지요.
이 책에서 뉴턴은 툭하면 발끈하던 속 좁은 시골 소년에서
왕실의 강력한 조언자가 되기까지 어떤 인생을 살았으며, 어떤
발견들을 했는지 들려줄 거예요.
이 이야기는 뉴턴의 발견 같은 새롭고 훌륭한 아이디어 덕분에
서서히 계몽되고 있던 17세기 영국으로 우리를 데려가줄
거예요.

차례

이 책의 내용을 소개합니다 8
뉴턴의 세상 10

1. 나, 아이작 뉴턴! 13
2. 내 성질머리는 진짜 끔찍했어 17
3. 지루한 과목과 재미있는 과목 21
4. 뉴턴, 케임브리지에 가다 25
5. 학교생활 29
6. 흑사병 시대 33
7. 빛의 유령 37
8. 젊은 나이에 찾아온 기회 41
9. 인기 없는 수업 45
10. 하늘과 땅에 벌어진 놀라운 사건들 49
11. 하나의 법칙, 정확히 세 가지 법칙 53
12. 달의 중력 57
13. 마술 공식 61
14. 정치와 일 65
15. 동전을 깎다 69
16. 뉴턴의 새로운 삶 73
17. 왕립학회 의장 77
18. 겨울의 마지막 밤 81

안녕! 뉴턴! 84
중력 사전 87

정말 궁금해!

뉴턴이 태어난 시대는 어땠을까? 12
우주는 어떻게 움직일까? 16
청교도혁명을 성공시킨 크롬웰은 어떤 사람일까? 20
뉴턴이 살던 시대에 라틴어는 과학자들의 언어였다는데? 24
뉴턴에게 영향을 끼친 데카르트의 발견은? 28
유럽을 뒤덮은 흑사병의 정체는? 32
젊은 뉴턴에게 찾아온 '기적의 해'란? 36
뉴턴이 시력을 잃을 뻔한 이유는? 40
뉴턴이 만들어낸 고성능 망원경의 정체는? 44
혜성이 가져다준 특별한 일들은? 48
핼리 혜성이라는 이름의 유래는? 52
중력의 법칙은 어디에 작용할까? 56
뉴턴의 법칙으로 무게를 잴 수 있다고? 60
왕이 대학의 독립을 막으려고 했다는데? 64
런던 조폐국에서 뉴턴이 맡은 임무는? 68
뉴턴이 관리로 승승장구했다는데? 72
뉴턴에게는 아름다운 조카가 있었다는데? 76
뉴턴의 실제 성격은 어땠을까? 80

이 책의 내용을 소개합니다

나는 아이작 뉴턴이야.
바로 이 이야기를 들려줄 주인공이지.

울즈소프 농장에서 보낸
청소년기부터 케임브리지
대학 시절 이야기

흑사병이 돌던 때와
사과에 관한 진짜 일화.

빛 연구와 별과 행성의
움직임을 조절하는
법칙의 발견.

런던 조폐국 일과 영국 왕실을
위해 했던 내 눈부신 활약.

마지막으로…
뉴턴의 중력 사전.

뉴턴의 세상

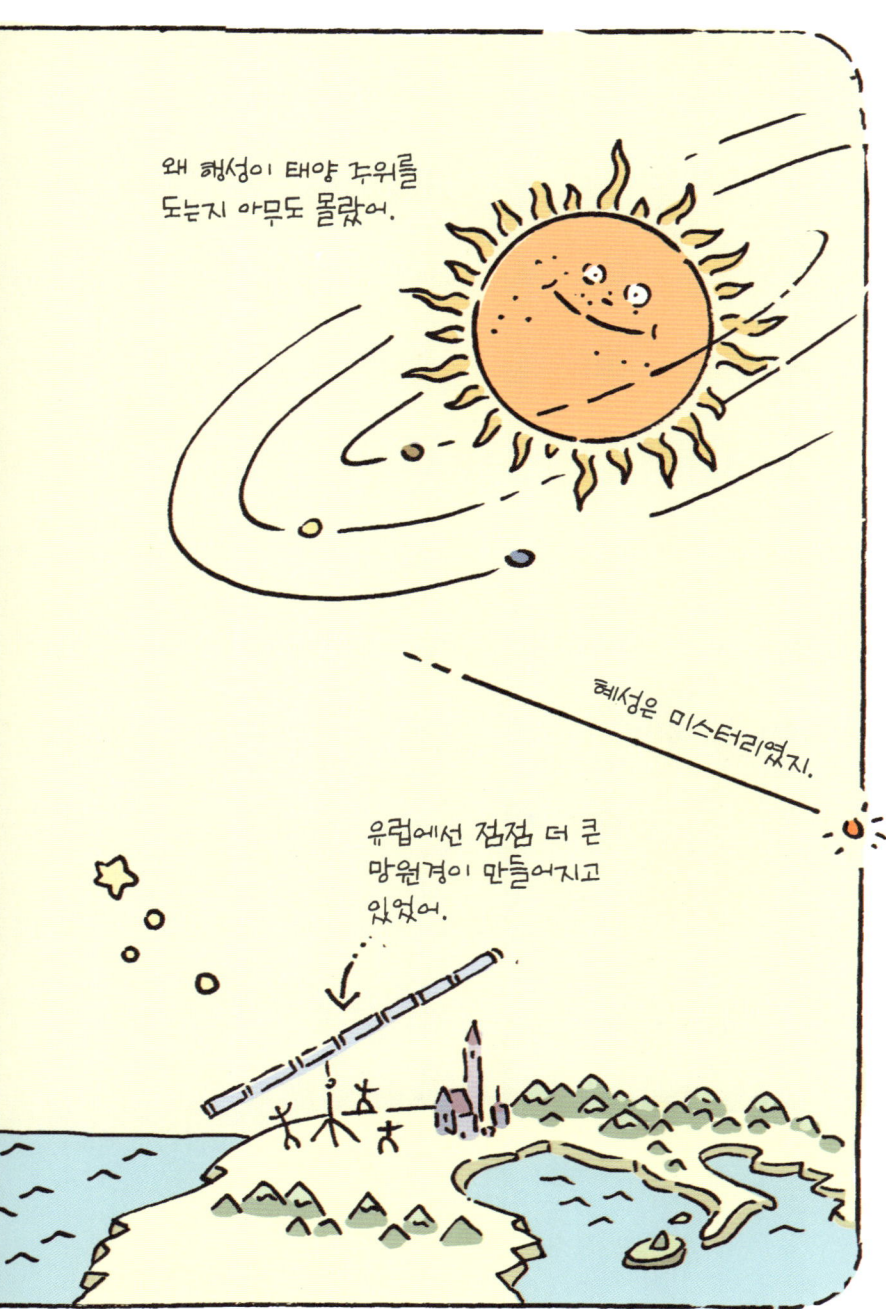

뉴턴이 태어난 시대는 어땠을까?

아이작 뉴턴은 1642년 12월 25일, 영국 링컨셔의 울즈소프에서 태어났어요. 사실, 그 날은 당시 시행 중이던 영국 달력에 따른 날짜였어요. 유럽 대륙은 이미 1643년 1월 4일이었지요. 영국에 있어 1642년은 비극적인 해였어요. 찰스 1세의 처형으로 마무리될 내전이 시작되었고 찰스 1세의 적수였던 청교도인 올리버 크롬웰의 독재가 시작된 해였거든요. 영국은 여전히 완전한 농경 국가였고 귀족이 나라의 대부분을 차지했으며 땅과 양 떼의 소유가 특정한 사회적 지위를 나타내고 있었지요.

1. 나, 아이작 뉴턴!

울즈소프의 우리 아버지 집에 온 것을 환영합니다! 이곳은 농장의 일부인 들판과 목초지로 둘러싸인 새하얀 건물이야. 나는 부유한 농가 집안 출신이지. 백 년이 넘도록 우리 뉴턴 가는 링컨셔에서 땅을 갈아 일궈가며 토지를 넓혀왔어.

아버지의 이름도 아이작이었어. 아버지는 내가 태어나기도 전에 세상을 떠났기 때문에 나는 아버지가 어떤 사람인지 몰라. 어느 면에서 보더라도 나는 고아나 다름없었어. 어머니 해나도 집에 없었으니까. 어머니는 재혼을 해서 새 남편과 함께 살기 위해 집을 떠나버렸지. 나는 정말 어머니가 그리웠어. 그리고 나에게도 아버지가 있었으면 좋겠다고 생각했지.

울즈소프에서 나는 할머니와 함께 살았어. 덕분에 정말 많은 사람에게 둘러싸여 지낼 수 있었지. 우리 증조할아버지는 일곱 자녀를 뒀고 할아버지 로버트에게는 열한 명의 자식이 있었어. 그래서 한 부대나 되는 삼촌, 고모, 사촌들이 근처에 살았지. 하지만 내가 그들을 찾아뵙지 않다 보니 아무도 날 보러 오지 않았어. 나는 거의 항상 혼자 농장에서 놀았어. 그곳에는 알아내야 할 것들이 엄청나게 많았지. 수십 마리의 소 떼, 200마리가 넘는 가축, 앞마당에 들락거리는 동물들, 말, 과수원, 수로…

가끔 나는 가장 높은 언덕에 올랐어. 그리고 거기 앉아서 지평선을 바라보았지. 골짜기에 마을이 점점이 박혀 있고 동쪽으로 30여 킬로미터 떨어진 곳에는 바다가 있었어. 북해라 불리는 대서양의 큰 줄기였지. 어떨 땐 바람이 바다 향기를 우리 동네로 실어다 주었어. 링컨셔의 이곳은 유난히 바람이 많이 부는 곳이었어.

아버지는 글을 읽거나 쓸 수 없었어. 그래서 유언장에 X표로 서명했지. 삼촌을 비롯해 뉴턴 가의 많은 이들이 문맹이었어. 하지만 어머니 집안은 달랐지. 외삼촌 윌리엄은 케임브리지 대학에서 문학을 공부한 사람이었어. 외삼촌은 인근 마을의 목사였어. 외삼촌의 목사관에는 해묵은 냄새가 나는 책들이 잔뜩 있었어. 대부분은 두툼한 교회 관련 책이었지만 다 그렇진 않았지. 흥미로웠어. 그 책들이 내가 품고 있는 수많은 질문에 대한 답을 쥐고 있을 것만 같았어.

우주는 어떻게 움직일까?

아이작 뉴턴이 태어나기 전, 이 문제에 관한 혁명적인 이론이 몇 가지 있었어요. 이를테면 코페르니쿠스와 케플러는 지구가 태양 주위를 돌지 그 반대가 아니라고 주장했는데 이것은 태양이 뜨고 지는 것을 볼 때 옳지 않아 보였지요. 코페르니쿠스와 케플러는 지구가 매일 엄청난 속도로 자전한다고 주장했어요. 하지만 정말 그렇다면 어째서 우리는 날아가지 않고 땅에 단단히 발을 딛고 있을까요?

갈릴레오 갈릴레이는 지구가 태양을 돈다는 이론을 지지하다가 고문을 당하고 사형선고까지 무릅써야 했어요. 지금은 세상의 지혜로운 사람들 덕분에 그 진실이 밝혀졌지요.

하지만 아직도 어떤 법칙이 행성과 위성을 비롯한 천체의 위대한 움직임을 다스리는지 설명할 수 있는 사람은 없답니다.

2. 내 성질머리는 진짜 끔찍했어

새 아버지가 죽자 어머니는 울즈소프로
돌아왔어. 어머니는 재혼해서 낳은
딸 둘과 아들 한 명을 데려왔지. 우리
집은 더 이상 조용하지도 평화롭지도
않았어. 나는 결코 새 아버지를 좋아한
적이 없었고 어머니와도 그리 사이가 좋지
않았어. 나는 틈만 나면 들판으로 숨어버렸어.
아니면 북쪽으로 난 고대 로마인들이 만든 길에 나가
지나가는 마차와 마부를 구경했지.
울즈소프가 너무 작다는 느낌이 들기 시작했어. 그래서 열두
살이 되던 해, 어머니가 나를 인근 마을인 그랜섬으로 유학
보내기로 했을 때 너무나 기뻤지.
나는 화학자 클라크와 함께 지내게 되었어.

나는 진짜 클라크의
작업실, 특히
실험실이
좋았어. 하지만
그랜섬은 정말
싫은 구석이
많은 곳이었어.
학교에서는
반에서 꼴찌와
함께 제일 뒷자리에

앉았지. 사실 나는 울즈소프에서 아주 기본적인 교육밖에 못
받았거든. 게다가 나는 클라크의 의붓자식인 에드워드와 아서의
놀림감이 될 때가 많았어. 결국 아서와 주먹다짐이 벌어졌지.
나는 아서를 때려눕혔어. 하지만 싸움이 어리석게 여겨져서
거기서 멈추고 싶었지. 그런데 아서가 나를 겁쟁이라 놀리면서
벽에 밀쳐 내 코를 다치게 한 거야. 나는 아서의 양쪽 귀를
움켜쥐고 벽에 밀어붙인 다음 얼굴을 벽에다 쾅 쳐서 똑같이
갚아주었어.

나는 다른 아이들과도 어울리지 않았어. 하지만 믿을 수 있는 좋은 친구가 한 명 있었어. 클라크의 의붓딸이었지. 그 애는 정말 친절하고 다정했어. 그 애와 함께 있을 때면 행복했어. 그 애도 나와 함께 있는 걸 좋아했지.
나는 그 애를 위해서 나무로 여러 가지 물건들을 만들어주었어. 가구나 인형 그리고 크랭크를 돌려 움직일 수 있는 자동차 같은 재미있는 모형들이었지. 나는 그랜섬의 북쪽에 세워지고 있던 것과 비슷한 작은 풍차도 만들었어. 가서 보고 똑같은 방법으로 만들었지.

나는 심지어 손전등까지 만들었어… 종이로 만든 접이식 손전등. 낮에는 불을 끄고 접어서 책 속에 끼워두었어. 달빛 한 줄기 들지 않는 밤이면 종이 손전등을 연 꼬리에 붙여 하늘 위로 날렸지. 그랜섬 주민들은 깜짝 놀랐어. 다들 살면서 새 외에는 하늘을 나는 걸 본 적이 없었으니까. 다행히 마을에 불을 지르는 일만큼은 저지르지 않았어. 그런 일을 벌였다면 청교도들한테 끌려가 최소한 목과 손목에 칼을 차야 했을 거야.

청교도혁명을 성공시킨 크롬웰은 어떤 사람일까?

이 엄격한 기사는 올리버 크롬웰이에요.
아직 어린 뉴턴이 손전등을 만들며 놀고 있던 사이 올리버 크롬웰은 스스로 영국의 호국경(왕을 대신해서 나라를 다스리던 귀족에게 붙였던 호칭 – 옮긴이) 자리에 올랐어요. 호국경으로서 크롬웰은 마음대로 의회를 소집하고 해산할 수 있었어요. 그의 독재정권 아래 전쟁과 대학살이 수시로 일어났어요. 그는 아일랜드와 스코틀랜드를 진압하고 네덜란드와 스페인에 전쟁을 선포했어요. 크롬웰은 청교도였기 때문에 청교도들의 지지를 받았지요. 청교도들은 개신교도로 어떤 유혹에도 흔들리지 않는 고결함을 아주 엄격하게 지키자고 주장하는 사람들이었어요. 마을과 시내에서 열리는 축제를 포함해 놀고 즐기는 것을 금지할 정도였지요. 크롬웰이 나라를 통치하는 동안 대부분의 영국인은 이전 왕인 찰스 1세를 그리워했어요.

3. 지루한 과목과 재미있는 과목

나는 그랜섬의 킹스 스쿨에서 성적이 올라가기 시작했어.
반에서 점점 앞자리로 옮겨가다 결국 제일 첫 자리를 차지했지.
반에서 일등에게 주어지는 자리였어.
나는 앉는 곳마다 이름을 새겼어. 아이작 뉴턴, 아이작 뉴턴…
그래, 알아. 그러면 안 된다는 걸. 하지만 창턱에 새겨진 내
이름은 여러분이 사는 시대엔 역사적인 발견으로 여겨지게 될
거야.
관심이 가지 않는 과목은 라틴어, 영문법, 성경해석이었어.
정말 말 그대로, 너무너무 지루했어!
학교 밖에서 나는 '괴짜'로 통했어. 나는 가는 데마다 해시계를
만들었어. 그리고 내 그림자를 보는 것만으로도 정확한 시간을
말할 수 있었지.

바람이 진짜 미친 듯이 부는 날, 모두가 저 유명한 독재자 크롬웰이 죽은 날로 기억하는 바로 그날, 나는 이상한 실험을 하나 했어. 바람과 같은 방향으로 점프하면 더 멀리 점프할 수 있다는 사실을 증명했지. 중력의 힘을 처음으로 접한 실험이었어.

나는 숯으로 그림 그리는 게 정말 좋았어. 종이뿐 아니라 내가 살고 있던 집 담벼락에도 즐겨 그림을 그렸지. 심지어 전 왕이었던 찰스 1세의 초상화도 그렸어⋯ 클라크는 내 낙서를 지긋지긋해 했지.

나는 학교를 졸업하고
다시 농장으로
돌아갔어. 어머니는
내가 농장을 돌보기를
바랐지.
하지만 일을
시작하고는… 바로
해고되고 말았어.
양 떼를 맡겨놓으면 이웃

농장으로 몰고 가고 시장에 보내놓으면 뭘 사거나
팔아야 할지 어김없이 잊어버리곤 했지. 나는 항상 책을
몇 권 끼고 다녔어. 게다가 끼니조차 잊고 거르기 일쑤였는데
그때처럼 배고프고 뭐든 풍족하지 않던 시대에는 상상도 할 수
없던 일이었지. 맞아, 나는 시골에 맞지 않았어. 그래서 나는
다른 삶을 선택했어. 윌리엄 삼촌과 스토크스 선생님이 내
선택을 밀어주었지.

어머니가 나에게 붙여준 하인까지도 내가 떠난다고 하자 아주
기뻐했어. 그리고 나한테 맞는 곳은 대학뿐이라며 올바른
선택이라고 해주었어.

뉴턴이 살던 시대에 라틴어는 과학자들의 언어였다는데?

뉴턴이 그랜섬에서 잘 배워둔 과목이 하나 있었어요. 바로 라틴어였지요. 뉴턴은 라틴어를 읽고 쓰고 말할 수 있었어요. 라틴어는 유럽의 고대 로마인들이 쓰던 언어로 요즘에는 다양한 나라별 언어로 대체되어 쓰이지 않는 언어가 됐어요. 하지만 17세기에는 여전히 교육받은 사람들이 라틴어를 썼지요. 라틴어는 언어 차이로 생기는 착오를 극복하고 새로운 아이디어를 더 빨리 전달할 수 있게 해주었어요. 사실상 과학자들의 언어라 할 수 있었어요. 말하자면 지금 전 세계 공용어로 쓰이는 영어와 같은 역할을 했지요. 케플러와 갈릴레이의 발견도 라틴어로 번역되어 널리 전파되었지요. 뉴턴이 참조한 거의 모든 책도 라틴어로 쓰여 있었어요. 뉴턴은 이 언어로 케임브리지 대학을 정복하러 갔지요.

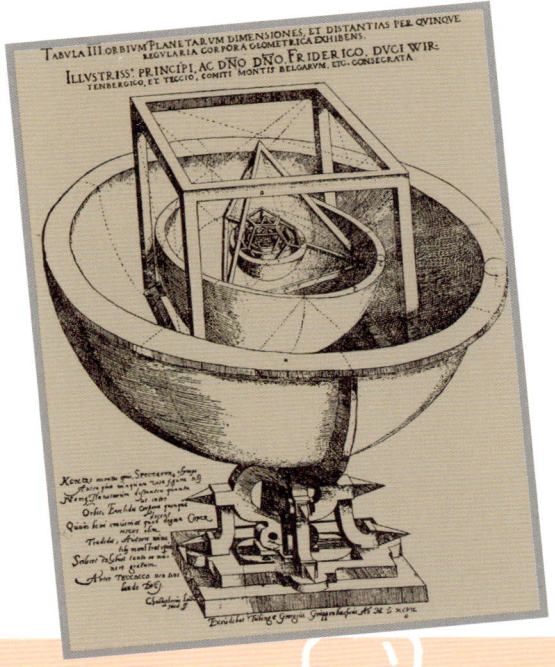

4. 뉴턴, 케임브리지에 가다

1661년 6월 4일, 나는 열아홉 살에 영국에서 가장 영예로운 대학인 케임브리지, 거기서도 가장 유명한 트리니티 칼리지에 들어갔어. 케임브리지는 옥스퍼드 대학에서 떨어져 나왔지만, 지금은 옥스퍼드보다 더 명성 있고 힘 있는 대학이 되었지. 내가 거기에 갔을 때 케임브리지는 학생들을 상대로 술을 파는 술집으로 가득한 한 마을에 지나지 않았어. 여전히 중세시대 마을 같았지만 캠 강의 둑 위로 줄줄이 늘어서 있는 예배당과 대학만큼은 인상적이었지… 건물이 정말 많았어. 그리고 하나같이 거대하고 엄숙하고 나아가 경외심까지 갖게 했어.

나는 트리니티 칼리지에서 시험을 본 뒤 수업을 들을 수
있었어. 나는 책상용 자물쇠와 잉크 한 병, 공책, 양초 500그램
그리고… 요강을 사야 했어.
맞아. 그때는 컴퓨터뿐 아니라 변기도 발명되기 한참 전이었지.

한 달 뒤, 열여섯 명의 다른 학생들과 함께 대학에 정식으로
입학했어. 나는 그 대학의 학생이라는 명예와 특권을 잘
지키겠다고 엄숙하게 선서했지.
누구든 케임브리지 대학을 다니게 되면 학위를
받았는데 그 학위가 있으면 돈벌이가
되는 공직 혹은 성직에 종사할 수
있었어. 하지만 나는 그런 이유로
케임브리지 대학을 다니지 않았어.
심지어 내 인생에서 거의 27년을
그곳에서 보냈는데도 말이지.

지금까지 내가 들려준 이야기는 케임브리지 대학에서 겪은 일 중에서 제일 좋은 부분만이야. 나머지는 좀 말하기 부끄러운 이야기야. 나는 상당한 재산의 상속자였는데도 트리니티 칼리지에 특대장학생이 아니라 특대장학생 후보로 입학했어. 특대장학생 후보는 교수진과 학교에 돈을 많이 내는 부유한 학생들을 위해 잡다한 일을 하면서 학비를 벌어야 하는 학생을 말해. 귀족, 준남작, 기사, 모든 연금수령자의 자식들을 위해 급식소에서 서빙을 하거나, 신발을 닦거나, 강사들과 동료 학생들의 요강을 강에 비우러 가야 했지. 트리니티 칼리지에는 나 말고도 특대장학생 후보들이 있었어. 모두 열두 명도 넘었지. 하지만 나는 그런 현실이 정말 괴로웠어. 나뿐만 아니라 어느 누구에게도 그런 일은 옳지 않아 보였거든. 영국의 봉건 사회가 여전히 계급제도에 의해 나뉜다는 걸 보여주는 일이었지. 그게 바로 내가 겪어야 할 현실이었어.

뉴턴에게 영향을 끼친 데카르트의 발견은?

이 사람은 프랑스의 철학자, 수학자 겸 물리학자인 르네 데카르트예요. 데카르트는 아주 오래전, 1650년에 사망했지만, 하늘과 땅에 존재하는 모든 것을 수학과 기하학으로 표현할 수 있다고 하는 '기계론'을 주장했어요. 케임브리지 대학 시절 젊은 뉴턴은 '기계론'을 바탕으로 한 자연철학을 발견했어요. 또한 천문학, 광학, 기계학을 기초로 하는 과학혁명에 기여했는데 뉴턴은 이런 과학혁명과 데카르트의 사상에 빠져들었어요. 그러다 모든 천재가 그러하듯 뉴턴은 데카르트라는 거장을 넘어섰지요.

5. 학교생활

나는 마음껏 사치를 부릴 수가 없었어. 가끔 체리, 젤리, 크림 그리고 와인을 조금씩 사고 가진 돈의 대부분은 책과 옷을 사는 데 썼지. 특대장학생 후보처럼 보이고 싶지 않았거든. 나는 선술집이나 시내에 있는 다른 장소에 그리 자주 가지 않았어. 공식적으로 그런 행동을 금지하는 학교 규칙도 있었고 시내에서 즐거운 밤을 함께 보낼 친구도 별로 없었기 때문이지.

시내에는 방탕한 게으름뱅이들이 푹 빠져들 만한 유흥거리들이 많았어. 거기다 선술집과 환락가까지 있었지. 학교에서 그리 멀지 않은 곳에서, 불과 며칠 되지도 않는 사이, 아내를 죽인 남자가 교수형에 처해지고, 은행 강도가 심문을 받다가 말 그대로 죽임을 당하고, 한 변호사가 케임브리지 중심가인 피스 힐에서 형틀에 묶였지. 이런 일이 있을 때면 악의에 가득 차서 고함을 질러대는 수많은 군중이 죄인 주위로 우르르 몰려들었어. 그들은 죄인이 저세상으로 가는 마지막 순간까지도 놀리고 비웃었지.

나는 공부를 정말 많이 했지만 교수들이 시키는 공부를 하지는 않았어. 사실 케임브리지의 프로그램은 여전히 중세시대에 머물러 있었어. 수사법과 그리스어, 그리고 라틴어 많이,

아리스토텔레스 엄청 많이… 이런 식이었지. 실제로 나는 어떤 책들은 그냥 휙휙 넘기기만 했고 교수가 시험에서 무슨 답을 원하는지 파악하기만 하면 바로 제쳐놓고 데카르트와 갈릴레이, 그리고 『회의적 화학자』를 저술한 로버트 보일처럼 더 흥미로운 이들의 책을 읽기 시작했어. 하지만 이 방식이 늘 효과가 있지는 않았어. 장학금을 위한 시험에서 내가 모르는 문제가 나올 때면 낙제를 면치 못했지.

뉴턴 그림

한편, 나는 영구운동(외부에서 에너지를 받지 않고도 자동으로 계속해서 움직이는 기계운동 - 옮긴이)에 관심이 있었어. 나는 물질과 빛이 무엇으로 만들어졌으며 왜 행성들이 태양의 궤도를 도는지 알고 싶었어. 요컨대 나는 진짜, 자연에 대해 생각하는 철학자나 지식 애호가가 되고 싶었어.

1665년, 마지막 시험을 치르고 학위를 받았어. 하지만 특별히 좋은 학점을 받았다거나 열렬한 찬사를 듣진 못했어. 사실 나는 바로 대학원 과정을 시작하고 싶었어. 하지만 이후 많은 변화를 몰고 올 국가적 재앙이 막 케임브리지를 덮치고 있었지.

유럽을 뒤덮은 흑사병의 정체는?

나라를 덮친 엄청난 불운 가운데 최악은 단연코 흑사병이었어요. 이 병에 걸리면 몸에 검은 혹 같은 덩어리들이 보이기 때문에 흑사병이라 불렸지요. 이 병의 원인균은 페스트균으로 검정 쥐에 붙어 있던 벼룩이 인간을 물면서 퍼졌어요. 최고의 예방책은 청결과 위생이었지만 17세기 유럽에서는 그런 의식이 부족했어요. 심지어 케임브리지에도 화장실이나 하수관이 없었지요. 그리고 사람들은 잘 씻지도 않았답니다. 뉴턴이 살던 시대에는 전염병을 다룰 치료법이 없었어요. 수천 명의 사람이 온갖 방법을 동원해 도시를 떠났어요. 교회에서 종을 치던 사람이 전염병 희생자들의 장례식을 치렀지만 제대로 된 진짜 장례식은 흔치 않았어요. 사망자 수가 수백에 이르자 시체를 모아 손수레에 쌓아 올린 다음 공동묘지에 묻었지요.

6. 흑사병 시대

겨울은 혹독했어. 템즈 강이 두 번 얼어붙었지. 그리고 날이 풀리자마자 엄청난 전염병이 영국을 다시 한번 덮쳤어. 10년 전, 그 전염병으로 10만 명도 넘게 목숨을 잃었는데 대부분의 희생자가 대도시에 살던 사람들이었지.

전염병이 맹렬하게 번질 때 안전한 장소는 한 군데뿐이었어. 시골에 있는
외딴집. 나는 석사 공부를 하기 위해 케임브리지에 있어야 했지만 대학이 텅 비어버린 거야. 그래서 병을 일으키는 기운이 바람에 쓸려가기를 바라며 울즈소프로 돌아갔지.
누군가 흑사병의 원인을 발견하는 날이 축제일이 될 터였지. 하지만 그때는 거리 곳곳에 모닥불이 피어오르고 약초 태우는 냄새가 진동할 뿐이었어. 개와 고양이들이 누명을 썼지. 주 정부에서 비용을 대가며 개와 고양이를 마구 잡아 죽였지만 아무 소용이 없었어. 사실 상황은 더 나빠지기만 했어. 런던에서만 일주일에 7천 명이 사망했어. 정말 끔찍했지.

나는 결국 울즈소프에서 거의
18개월을 머물러야 했어.
전염병으로 시간을 번 셈이지.
고향으로 돌아가도 아무
상관이 없었어. 엄청나게 멋진
아이디어를 떠올리고 거기
몰두했으니까. 내 인생에서 가장
창의적인 나날이었지. 나는
우선 나만의 미적분학을 위한
토대를 만들었어.

다음으로, 시장에서 산
프리즘으로 내 방에서 광선을
만들고 또 만들었지. 빛과
색에 관한 새롭고 근본적인
이론으로 가는 첫 단계였지.

그리고 마침내 사과가, 이
세상에서 가장 유명한 바로 그
사과가 내 옆에 떨어졌어.

한동안 나는 중력이 무엇인지 궁금했어.
나는 사과를 보고 달을 보았지.

사과를 비롯해 모든 것을 지구 중심으로 끌어당기고 있는 알 수 없는 힘이 우리 행성에만 작용하는 게 아니라는 생각이 들기 시작했어. 어쩌면 그 힘이 달, 태양계… 그리고 우주 전체에 영향을 미칠지도 모른다는 생각이 들었어.

젊은 뉴턴에게 찾아온 '기적의 해'란?

1665년과 1666년은 젊은 뉴턴이 가장 창의성을 발휘한 시기였을 거예요. 뉴턴의 '기적의 해'라고 불리는 이 두 해는 과학자로서 그가 인생에서 가장 대단한 성과를 거둔 시기였지요.

하지만 영국인들에게는 끔찍한 시기였어요. 전염병이 수개월을 휩쓸고 지나간 뒤 1666년 9월이 되자 걷잡을 수 없는 화재가 일어 런던을 파괴했어요. 불길은 항구와 극장가를 휩쓸고 대저택부터 오두막까지 모조리 불태웠지요. 주택 13,000채와 교회 80군데가 불에 탔어요. 그 화재는 영국 역사상 최악의 대재앙이었지요.

하지만 전염병과 화재가 지나간 뒤 런던은 이전보다 더 아름답게 재건되었어요.

7. 빛의 유령

나는 마을 시장에서 인생 처음으로 프리즘을 샀어. 프리즘은 3면으로 잘린 유리 조각 같았어. 그 뒤에 직접 유리를 자르고 각들을 갈아 나만의 프리즘을 만들었어. 프리즘으로 보면 익히 알려져 있는 흥미로운 굴절 현상에 따라 세상이 빙빙 도는 것처럼 보이지. 그런데 적당한 광선을 프리즘에 비추면 예상치 못한 결과를 얻을 수 있어. 나는 덧문에 작은 구멍을 내고 방을 어둡게 해 광선을 만들었어. 그리고 프리즘이 일련의 색깔들을 항상 같은 순서대로 투영한다는 결과를 얻어냈지. 빨강, 주황, 노랑, 초록, 파랑, 남색, 보라색…

나는 그것을 '스펙트럼'이라 불렀어. 보통 때는 마치 유령처럼 그 색깔이 보이지 않기 때문이었지.

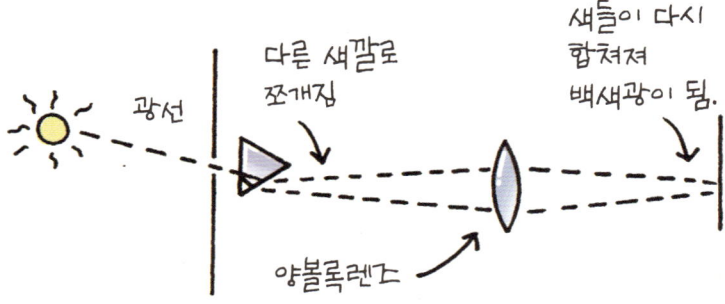

프리즘을 이용해 백색광을 그 속에 든 여러 색으로 쪼개보았어. 다른 프리즘들을 이용해 색들을 백색광으로 되돌리거나 더 나아가 각각의 단색광선으로 분리할 수 있었어. 스펙트럼이라 부르긴 했지만 다양한 색을 지닌 그 빛들은 바로 백색광의 본모습이었어. 빛이 다른 '입자'들로 이뤄진 것 같았지. 그래서 나는 그렇게 주장했어.

내 발견을 발표하자 네덜란드의 위대한 물리학자 크리스티안 호이겐스는 펄쩍 뛰었어. 호이겐스는 "빛이 입자일 리가 없어. 광선은 서로 만나더라도 입자들처럼 자리 이동을 하지 않으니까. 내 생각에 빛은 소리와 같은 파동이야."라고 주장했지.

나는 그저 젊은 대학원생일 뿐이었지. 호이겐스는 유럽에서도 가장 위대한 물리학자였어. 하지만 거의 2세기 동안 내 '입자' 설이 더 널리 받아들여졌지. 결국엔, 놀랍게도 나와 호이겐스의 이론이 모두 옳다는 사실이 밝혀졌어.

빛은 파동처럼 움직이는 입자, 즉 광자로 구성되어 있어… 하지만 어떤 이유에선지 아주, 아주 오랜 시간이 지나고서야 밝혀졌지.

뉴턴이 시력을 잃을 뻔한 이유는?

뉴턴은 빛 연구에 열정을 쏟다가 아주 어리석은 실수도 저질렀어요. 한번은 한쪽 눈으로 태양을 뚫어지게 쳐다보다가 시력을 잃을 뻔했어요. 또 망막이 어떤 역할을 하는지 보려고 망막의 굴곡을 변화시키려다 가느다란 바늘을 '눈알과 안구뼈 사이'에 찔러 넣는 바람에 염증이 생겨 실명할 뻔도 했지요.

8. 젊은 나이에 찾아온 기회

흑사병이 물러갔어. 학생들과 교수들이 다시 대학으로 돌아왔지.
학교 분위기가 더욱 느슨해졌어. 어떤 사람들은 너무 심하게 느슨해졌다고도 했지. 심지어 나까지 좀 여유로워졌으니까. 아마도 우리나라에서 죽어 나간 그 수많은 사람과 달리 살아남았다는 사실에 감사해서였을 거야. 그래서 나도 졸업 축하 파티를 열고 옷을 사고 술을 마시는 데 돈을 마구 썼지.

나는 케임브리지 대학에서 일하기로 결심했어. 1667년, 나는 보조 연구원이 되었고 아홉 달 뒤에 정식 연구원이 되었어. 그리고 1668년에 석사학위를 받았지.

탄탄한 직장이었어. 월급도 꼬박꼬박 나왔지. 나는 영국 국교회에서 서품식을 받고 그 종교를 받아들이겠다는 맹세도 해야 했어. 종교에 관한 한 내 의견은 확실히 정통과 달랐기 때문에 어떻게든 피해보려 했지만 말이야.

그거 말고는 대부분의 내 동기들처럼 나도 그저 느긋하게 지냈어. 우리가 주로 하는 활동은…

대학들이 타락하고 방종하던 시기였지. 하지만 그 덕에 나는 완벽한 자유를 누리며 내가 하고 싶은 연구를 할 수 있었어.

나는 내 방에 아궁이와 증류기와
화덕까지 갖춘 완벽한 연금술
실험실을 만들었어.
마치 마술사의 동굴 같았지.

나는 거기서 직접 약도
만들었어. 요즘 같았으면
말 한 마리도 너끈히 죽일
수 있을 만한 제조법으로
전염병, 홍역, 천연두 약으로 쓸
일반 혼합물도 만들었지. 하지만 나는
초자연 현상이나 흑마술 따위는 믿지 않았어.

뉴턴이 만들어낸 고성능 망원경의 정체는?

여기 갈릴레오 갈릴레이가 있어요. 갈릴레이는 망원경을 이용해 달과 다른 천체를 관측한 첫 천문학자였어요. 갈릴레이 이후로 많은 이들이 망원경으로 하늘을 관측했지만 항상 얼룩덜룩한 색깔이 시야를 가렸지요. 뉴턴은 그 문제를 해결했어요. 빛의 본질에 대한 연구와 더불어 두 손으로 뭐든지 뚝딱뚝딱 만들어내는 능력으로 좀 더 정교하고, 색수차(색에 따라 렌즈의 초점이 달라지고 상의 전후 위치가 달라지는 현상 - 옮긴이)가 없는 망원경을 만들어낼 수 있었지요.

9. 인기 없는 수업

나는 기대 이상으로 인정받았어. 수학과 학장인 아이작 바로우가 더 좋은 자리로 옮기느라 교수직을 떠나면서 나를 후임 교수로 임명했어. 바로우는 내가 자기보다 더 낫다는 사실을 깨달은 사람으로 역사에 기록될 거야. 하지만 사실 고백할 게 있어. 내 수학 강의는 별로 인기가 없었어. 어떨 땐 내 강의실이 텅 비어서 툴툴거리며 내 연구실로 돌아가야 했지.

아마 내 계산법이 당시 학생들에겐 너무 현대적이었나 봐. 그래도 덕분에 나는 연구에 더 많은 시간을 쏟을 수 있었어. 나는 연구실에서 새로운 망원경을 제작해 런던에 있는 왕립학회에 보냈어. 왕립학회에서는 굉장히 고마워했어. 나는 공식적으로 발명가가 되었지.

왕립학회는 영국에서 과학과 연구가 더 활발히 이루어지기를 장려했어. 그래서 나는 망원경과 함께 빛의 회절에 관한 발견을 기록한 보고서도 보냈어. 하지만 그러지 말았어야 했어. 다른 사람들이 이내 내 발견을 가로채버렸으니까.

한편 영국 국교회에 서약해야 할 시기가 다가오고 있었어. 모든 교수는 반드시 서약을 해야 했어. 나는 한동안 종교의 역사를 공부했고 내 동료들이 인정하지 않을 것 같은 사실들을 많이 발견했지.

이건 비밀인데 고대 문헌들을 읽기 위해 나는 아주 옛날 언어들을 공부했어. 그래서 대홍수가 일어나기 전 종말론과 노아와 고대 왕국에 관한 전문가가 될 정도였지.

내 아이디어가, 그러니까 만약 그런 아이디어가 세상에 드러나면 나는 붙잡혀 형틀에 묶이고 학교에서 쫓겨날 거야. 그렇게 되지 않으려면 나 자신이 혐오스럽게 느껴지는 일을 해야만 했지. 거짓 맹세 말이야. 그런데 운 좋게도 국교회 서약을 면제받았어. 나는 안도의 한숨을 내쉬었지.

1679년, 어머니가 병에 걸렸어. 나는 울즈소프로 돌아가 어머니를 정성껏 돌봤지. 하지만 안타깝게도 어머니는 1679년 6월에 숨을 거두고 말았어. 내가 과거로부터 완벽히 벗어난 날이었지.

혜성이 가져다준 특별한 일들은?

1681년 겨울, 영국 상공에 혜성이 나타났어요. 예기치 않게 도착하는 혜성은 흉년과 전쟁, 해충을 예고했어요. 이런 일은 17세기 유럽에서 아주 빈번하게 일어났어요. 심지어 1665년, 창궐한 전염병도 혜성이 나타난 뒤 퍼졌지요. 하지만 이 특별한 혜성은 뉴턴에게 엄청난 사건 두 가지를 예고했어요. '앞으로 유명해질 한 젊은 친구'와 '우주만큼 놀라운 새로운 아이디어'가 뉴턴을 기다리고 있었지요.

10. 하늘과 땅에 벌어진 놀라운 사건들

혜성은 거대했어. 12월 12일 케임브리지 하늘에 나타난 불길하고 신비로운 혜성은 킹스 칼리지 예배당만큼 긴 꼬리를 가지고 있었지. 그리고 몇 달 동안이나 하늘에 그대로 머물러 있었어.

그 혜성의 궤도는 기이하게도 '곡선' 형태를 보이고 있었는데 마치 태양 주위를 도는 것처럼 보였어. 왕실의 천문학자 존 플램스티드가 그걸 지적했어. 존 플램스티드는 그리니치 천문대에서 별을 기록하는 일을 했어. 그의 관측은 특히 선원들에게 유용하게 쓰였지. 하지만 어느 누구도, 심지어 플램스티드 자신조차 그런 기록들이 새로운 우주 법칙을 발견하는 데 사용되리라고는 생각하지 못했지.

한편 동료 과학자인 훅은 모든 천체가 중심을 향해 끌어당기는 힘이나 중력을 가지고 있다고 주장하는 논문을 썼어. 나는 생각을 해봤어.

그때 에드먼드 핼리라는 젊은이가 케임브리지로 나를 보러 왔어. 그는 막 왕립학회에 비서로 임명되어 혜성을 연구하고 있었지. 에드먼드 핼리는 나에게 질문을 퍼부었어.

나는 에드먼드 핼리에게 좀 더
명확한 답을 주겠다고
약속했어. 그래서 나는
쓰고 그리기 시작했지…

만약 혜성이 행성들처럼
곡선 형태의 궤도를 따른다면
그 궤도가 훨씬 더 길어진다
하더라도 행성과 같은 법칙을 따르게 된다. 그렇게 엄청난
아이디어가 내 공책 속에서 조금씩, 조금씩 형태를 갖추어
나가기 시작했어. 행성, 태양, 모든 천체가 같은 법칙에
따라 서로에게 영향을 미치고 있어… 그게 바로 만유인력의
법칙이지.

핼리 혜성이라는 이름의 유래는?

이 가발을 쓴 신사는 에드먼드 핼리예요. 나이가 들었을 때의 모습이지요. 에드먼드 핼리의 아버지는 소금을 파는 상인이었어요. 핼리는 역사상 가장 유명한 천문학자 중 한 사람이 되었어요. 지나간 혜성을 연구해 엄청난 사실을 발견했거든요. 결국에는 혜성들이 모두 태양계로 돌아온다는 사실이었지요. 뉴턴의 법칙과 미적분법 덕분에 핼리는 1682년에 나타났던 혜성이 75년 후에 되돌아올 거란 사실을 예측할 수 있었어요. 예측은 적중했어요. 그래서 그 혜성에 핼리의 이름이 붙게 되었지요.

11. 하나의 법칙, 정확히 세 가지 법칙

나는 너무나 중요한 발견을 했어. 꼭 그 발견을 세상에 알려야 했어. 그리고 동시에 내 아이디어를 보호해야 했지. 그래서 나는 전체 이론을 설명하는 책을 출판했어. 제목이 얼마나 진지했는지 몰라. '자연철학의 수학적 이론', 이 책은 천체 운동의 모든 현상을 포함해 태양의 중심과 행성들 사이에 있는 중력이 거리의 제곱에 반비례한다는 주장을 담고 있어. 훅은 이 책 이야기를 듣자마자 소송을 걸려고 했지. 거리의 제곱에 대한 아이디어가 자신의 것이라 우기면서 말이야. 실제로 훅은 그 법칙을 쓴 적이 없었어. 어쨌든 내가 하고 싶은 말은 훅이 거짓말쟁이에 사기꾼이라는 거야.

내 중력 이론은 확실해. 행성뿐만 아니라 모든 것에,
누구에게나 적용할 수 있어. 제일 중요한 사실은
바로 이거야.

"불균형한 힘이 끼어들지
않는 한 멈춰 있는
물체는 계속해서
멈춰 있고 움직이는
물체는 같은 속도와
같은 방향으로
움직인다."

사과뿐 아니라 우리도 어떤 힘이 끼어들지 않으면 계속 이런
상태일 수 있어.
만약 우리가 행성에 가까이 간다면 우리를 끌어당기는 행성의
힘 때문에 우리의 상태에 변화가 와. 그래서 궤도에 진입하는
것을 시작으로 결국 그 표면에 착륙하게 되지.

나는 새로운 이름까지 만들어냈어. 구심력.
구심력은 중심 방향으로 작용하는 힘을
말해.
모든 천체가, 사실 천체뿐만 아니라 모든
것이 자신의 중심을 향해 다른 물체를
끌어당기지.

"물체의 가속도는 물체에 작용하는 알짜 힘에 직접 영향을 받는다."

물체에 작용하는 힘이 커지면 물체의 가속도는 증가해. 물체의 질량이 클수록, 그 중심에 가까워질수록 우리를 끌어당기는 힘이 더 커지지.

모든 행동에는 작용과 반작용이 있어. 만약 우리가 특정한 힘으로 물체를 민다면 그 물체 또한 같은 크기지만 방향이 반대인 힘으로 우리를 밀어낼 거야. 우리의 힘이 그 물체의 힘을 능가한다면 그 물체를 움직일 수 있지. 지구는 달을 끌어당겨. 그리고 달은 같은 크기에 방향이 반대인 힘을 지구 표면에 가하지. 이 힘은 바다의 밀물과 썰물 현상을 통해 눈으로 확인할 수 있어.

중력의 법칙은 어디에 작용할까?

지금은 중력의 법칙이 일반적으로 받아들여져 아무도 그 사실에 놀라지 않지요. 그 물리, 화학 법칙이 지구와 은하계의 가장 큰 행성에까지 모두 영향을 미친다는 사실을 당연하게 생각하지요. 하지만 뉴턴이 살던 시대에는 그렇지 않았어요. 우주에 대한 생각은 여전히 고대 그리스 우주론과 세인트 어거스틴 같은 교회 사제들의 이론을 따르고 있었어요. 사람들에게 하늘은 멀리 있는, 완벽한 어떤 것으로 천상의 신성한 법이 지배하는 영역이었어요. 지구와는 아주 다른 곳이라 생각했지요.
하지만 뉴턴은 이 법칙이 바다와 대양을 포함해 하늘과 지구 모든 곳에 "똑같이 적용된다"고 말했어요.

12. 달의 중력

내 이론을 이용해 이유를 밝힐 수 있는
현상 가운데 나 이전에 어느
누구도 설명하지 못한
실제 현상들이 있어.

여기엔 해안선을 따라
바닷물의 수위가 주기적으로
오르내리는 조수 현상도 있지. 이 현상에 대한 이해는
선원들에게, 특히 대양을 항해하는 선원들에게 진짜 중요했어.
해저에서 몇 미터 떨어진 곳에 닻을 내렸지만 결국 몇 시간
후엔 그곳이 육지가 되어버리기 일쑤였으니까.
반대로 깊은 바다가 되어버리기도 했지.

데카르트와 갈릴레이조차 조수를 일으키는 원인을 잘못 파악했어. 그 두 사람은 달과 태양이 '멀리서' 원인을 제공할 수 있다는 사실을 받아들일 수가 없었어. 오히려 몇몇 고대 철학자들이 실제 사실에 더 근접해 있었지.

내 법칙은 그 이유를 제대로 설명할 수 있어. 조수는 달과, 조금 약하긴 하지만 태양의 중력 활동 그리고 지구의 원심력이 원인이 되어 일어나.

그 결과 우리 지구에는 두 개의 조수가 있으며 6시간 12분 간격으로 썰물과 밀물이 반복되지.
지구에 있는 일부 바다에서는 밀물과 썰물 사이 수면의 높이가 15에서 16미터까지 차이가 나기도 해.

뉴턴의 법칙으로 무게를 잴 수 있다고?

뉴턴의 법칙으로 설명할 수 있는 많은 것들 가운데 우리가 끊임없이 다루게 되는 실생활 관련 문제가 있어요. 바로 무게예요. 뉴턴 이전에 몇몇 과학자와 철학자들이 이 문제를 다루기는 했어요. 하지만 분명한 건 사람들이 수천 년 동안 덜 정확한 저울과 제멋대로인 측정법으로 물체의 무게를 재고 있었다는 사실이지요. 무게의 본질을 처음으로 밝힌 사람이 바로 아이작 뉴턴이었어요.

13. 마술 공식

그래, 맞아. 내 법칙으로 사물의 무게를 설명할 수 있어.

무게는 그저 우리를 지구 중심으로 끌어당기는 힘을 측정하는 것에 지나지 않아.

그게 중력이야. 우리가 달에 산다면 몸무게는 지구 중력에 비해 더 약한 달의 중력에 영향을 받게 돼.

중심으로 우리를 끌어당기는 건 지구뿐만이 아니야. 우주에 존재하는 행성, 태양, 별, 혜성 같은 모든 물체가 서로를 끌어당기지. 그 모든 것이 내가 발견한 법칙을 따르고 이 사실은 공식으로 설명이 가능해.

두 개의 물체를 서로 끌어당기는 힘(F)은 그 물체의 질량(M_1과 M_2)에 비례하고 두 물체 사이 거리(r)의 제곱에 반비례한다는 것이 내 공식이야.
G는 세계 공통으로 쓰이는 상수야.

내가 살던 시대에는 우주의 힘을 마술로 보거나 심지어 신이 세상에 그 존재를 드러내는 신성한 일이라 생각하기도 했지. 내가 말할 수 있는 건 내 공식이 실제로 들어맞고 이 우주에서 그 어디를 가든 이 공식이 적용될 거라는 사실이야.

왕이 대학의 독립을 막으려고 했다는데?

이 사람은 영국의 새 국왕 제임스 2세예요. 얼마 전 사망한 찰스 2세의 형제지요. 제임스 2세는 가톨릭 신자, 즉 로마 교회에 충성하는 가톨릭 신자였어요. 일부 영국인들은 이제 더 이상 로마 교회에 충성하지 않았어요. 대신 그들은 로마 교황의 권위를 거부하는 개신교를 따랐지요. 케임브리지 대학은 개신교 헌장을 선포했고 거의 모든 교수진이 개신교도였어요. 하지만 제임스 2세는 가톨릭 신자였기 때문에 이를 바꾸고 싶어 했지요. 그는 대학이 힘의 중심임을 알고 있었어요. 그래서 대학을 가톨릭 방식으로 운영하기 위해 할 수 있는 모든 것을 다 했어요. 하지만 실패했지요.
제임스 2세는 영국에서 가톨릭을 신봉한 마지막 왕이 되었어요.

14. 정치와 일

이미 말했듯 나는 종교에 관해선 아주 개인적인 의견을
갖고 있었어. 나는 기독교의 역사를 공부했고 이제 진짜
기독교인으로서 진실을 전달하는 사람은 거의 남아 있지 않다고
생각했지. 그건 가톨릭이든 개신교든 마찬가지였어.
하지만 그런 생각을 말할 수가 없었어. 당시는 종교전쟁이
일어나던 시기로 기독교인들이 다른 방식으로 신을 믿는
기독교인을 학살하고 고문하던 때였으니까. 하지만 나는 입장을
분명히 하고 제임스 왕의 요구에 맞서 우리 대학을 옹호했어.
제임스 왕은 케임브리지 대학에 자기 사람들을 두고 싶어 했어.
나는 대학은 독립적이어야 한다고 생각했어. 그리고 정치에
관련이 없는 사람들이 대학을 운영해야 한다고 보았지.
하지만 그건 몇 세기 후에나
가능할 일 같았어.

그래서 다른 일곱 명의 교수들과 함께 대학을 지키기 위해 런던으로 갔어. 우리가 올린 탄원서는 제대로 받아들여지지도 않았어. 하지만 나는 거기 가 있는 동안 많은 사람을 만났고 곧 중요한 인물이 될 찰스 몬터규와 친구가 되었지. 나라가 불안하던 시절이었어. 케임브리지 대학교의 독립만이 문제가 아니었어. 나는 불안감을 느끼며 케임브리지의 문제뿐 아니라 점점 늘어가는 사건들에 관한 소식을 들었지. 네덜란드 함대가 템즈 강을 항해하고 곳곳에서 반란이 일어났어. 제임스 왕은, 너무나 용감하게도, 프랑스로 도망가 버렸지.

새 의회가 웨스트민스터에서 열렸어. 나는 케임브리지 대학 평의원회에서 선출된 의원 중 하나가 되었지. 새로운 의회는 윌리엄과 메리를 새로운 국왕으로 선언했어. 하지만 그보다 더 중요한 선언은 영국을 더 자유로운 국가로 만들어줄 권리장전을 승인한 일이었지. 나는 나라 전체에서 힘의 중심지인 런던에 정착하기로 마음먹었어.
그리고 이내 중요한 역할을 맡았지.

런던 조폐국에서 뉴턴이 맡은 임무는?

이곳은 1697년에 활발하게 가동되던 대포 제조공장이에요. 주화 공장, 즉 런던 조폐국에는 훨씬 더 작은 용광로와 쇳물을 녹이는 도가니가 있었지만 불이나 연기, 혼돈 면에서 대포공장에 뒤지지 않았어요. 당시 사용하던 동전은 순금, 은, 구리로 만들어졌어요. 대부분의 동전은 가장자리를 깎아 금은 가루를 훔치거나 위폐를 만드는 데 꾸준히 이용되었어요. 오직 새로 만들어진 동전에만 절개한 테두리에 '장식품과 호위병'이라는 글귀가 새겨져 있었어요. 뉴턴이 새 직장에서 맞닥뜨린 문제가 바로 이런 것들이었지요.

15. 동전을 깎다

내 친구 찰스 몬터규가
생각지도 못한 영예로운 자리를
내주었어. 런던 조폐국의
새로운 검시관 자리였지. 거기서 나는 내
연금술과 야금기술(광석에서 금속을 추출, 정제해
사용할 수 있게 만들고, 또 필요한 형태로 만드는
기술 - 옮긴이)을 잘 활용할 수 있었어. 나는 런던
타워 옆에 있는 조그만 아파트를 받았는데 그곳에서
내다보면 안마당과 동전공장 창고들이 보였어.
확실히 조폐국은 지내기에 최고로 좋은 장소가 아니었어.
이른 아침부터 소음이 시작되었으니까.
거의 300명의 사람이 다닥다닥 붙어서 일을 했지. 풀무에서
연기가 피어오르고 안마당에서 똥을 싸는 말들과 군인들의
소리가 시끌벅적하게 들려왔어. 안마당은 항상, 진짜 말
그대로 똥밭이었어. 하지만 내가 맡은 일은 영국을 위해 꼭
필요하면서도
전략적인 일이었어.
게다가 그 일에
흥미를 느끼기도
했지.

역사상 어느 과학자도 이렇게
많은 돈을 다룬 적이 없었어!

조폐국에서 내가 하는 일에는 아주 특별한
면이 있었어. 나는 조폐국 기계에 대한
비밀을 발설하지 않겠다는 맹세를 해야 했어.

나는 엄청난 양의 기술 및 행정 문제와
맞닥뜨렸지만, 그 문제를 과학적인 방법으로
풀어냈어. 나는 모든 것, 모든 사람을 다
기록했어. 그리고 새로 들어오는 원자재와
생산되는 동전의 질을 관리했지. 이런 식으로 크고 작은
부정행위들을 밝혀냈어.

나는 생산체계를 제대로 개선하고 정부에 위폐범들과 금,
은가루를 얻기 위해 기존 동전의 테두리를 '깎는' 희한한 일들에
맞설 방법을 조언했어.

내 조언에 따라 정부는
위폐행위를 대역죄로 다룬다는
새로운 법안을 통과시켰어.
위폐행위가 사형으로 다스릴
범죄가 된 거야.

내 임무 가운데 수감된
위폐범들을 심문하는 일도 있었어. 유쾌하지 않은 일이었지.
이 범죄자들은 숙련된 기능공들로 악마처럼 교활했어… 그리고
이건 비밀인데 나는 늘 모든 연금술사가 갈망하는 비밀공식을
찾은 사람을 만나고 싶었어. 그러니까 일반 금속을 금으로
탈바꿈시키는 공식 말이야.
안타깝게도 그런 일은 결코
일어나지 않았지.

뉴턴이 관리로 승승장구했다는데?

이 사람들은 영국의 새 국왕과 왕비가 된 윌리엄 오브 오렌지와 그의 아내 메리 2세예요.
두 사람의 통치 아래 아이작 뉴턴은 그들과의 친목을 굳게 하고 고위관리로서의 새 지위까지 얻었어요.
이때는 영국이 더욱 번창하고 평화로워지기 시작하던 시기이기도 했어요.

16. 뉴턴의 새로운 삶

나는 런던에서 내 생활 방식을 많이 바꿨어. 케임브리지에서 나는 항상 진지했고 사람들과 어울리지 않고 혼자 다녔지. 하지만 여기선 의회에 출석해야 했고 궁정에도 자주 초청받았어. 나는 값비싼 옷을 사는 데 돈을 많이 썼고 당대 최고의 화가들에게 초상화를 맡겼어. 사실 나는 내 초상화를 수집하고 있었는데 화가들에게 내 모습이 귀족적이고 장엄해 보여야 한다고 우겼지.

케임브리지에서 내가 제일 좋아하던 음식은 구운 모과였어. 여기선 고급 포도주와 다른 맛있는 것들을 꽉꽉 채워 넣은 지하창고도 있었지.

나는 조폐국에서 세운 공로와 정부에 했던 조언으로 상을 받고 인정도 받았어. 나는 궁정에서도 인기를 누렸고 귀족들 사이에서뿐만 아니라 내가 발견한 법칙을 초자연적이라 여기는 일반 국민 사이에서도 인기가 많았어.

나는 내가 할 수 있는 한 친구들을 도왔어. 예를 들어 조폐국 지사 관리직에 에드먼드 핼리를 임명하는 식으로 말이야.

울즈소프의 고향집은 아득한 추억이 되어버렸어. 이제 나는 런던 중심가에서 여러 층짜리 건물에 살고 있지. 나는 내 초상화로 온 벽면을 장식했어. 방마다 보라색 안락의자와 소파를 채워 넣고 진홍색 덮개와 커튼으로 멋을 냈어. 주변의 모든 것이 붉은색과 황금색이었지.

이제 나이도 들 만큼 들었고 부도 얻었지만 결혼을 한 적은 없었어. 그래도 우리 집을 끌어나가는 놀라운 여성이 한 사람 있긴 했어. 내 조카인데 내 이복 여동생들 중 한 명의 딸이었지.

조카는 나랑 정반대였어. 사교적이고 안목이 뛰어났지. 그 애는 천연두를 앓은 적이 있었지만 다행히 얼굴에 흉터가 남진 않았어. 사실 정말 아름다워서 18세기 런던에서 가장 매력적인 여인 중 하나가 되었지.

뉴턴에게는 아름다운 조카가 있었다는데?

이 사람은 캐서린 바턴이에요. 뉴턴의 아름답고 매력적인 조카로 18세기 런던에서 아주 큰 인기를 누렸어요. 캐서린은 온갖 소문의 중심에 있었어요. 저 매력적인 조너선 스위프트(영국의 소설가이자 성직자, 대표작품으로 『걸리버 여행기』가 있다 - 옮긴이)가 캐서린에게 가슴 저리는 사랑 시를 바쳤을 정도였지요. 하지만 캐서린은 엄청난 권력을 가졌으며 뉴턴의 오랜 친구였던 몬터규 백작과 남몰래 사랑을 키웠어요. 몬터규는 사후에 젊은 캐서린에게 상당히 많은 유산을 남겼어요.
한편 몬터규 백작은 뉴턴의 경력에 도움을 주었는데 런던을 방문했던 볼테르가 이를 두고 "뉴턴의 중력은 아름다운 조카 없이는 아무 소용없었을 것"이라 말하기도 했어요.
사실 뉴턴은 고약한 성미에도 불구하고 실제 생활에서 자신을 어떤 식으로 드러내야 하는지 아주 잘 알고 있었지요.

17. 왕립학회 의장

나는 왕립학회의 의장이 되었어. 그때까지 나는 왕립학회에 발길을 끊고 있었어. 학회가 점점 퇴보하고 있었고 쓸모없는 내부 모임만 있었기 때문이야. 그러다 마침내 저 사기꾼 같은 훅이 죽었지. 이제 영국에는 더 이상 나와 경쟁할 만한 권위 있는 상대가 없었어. 나는 실험 담당 책임자를 임명하고 첫 전기 실험을 홍보했지. 그리고 이내 내 광학 연구 내용을 출간했어. 이전 같았으면 훅이 자기가 이 연구를 나보다 먼저 했다고 우겨댔겠지. 하지만 이제는 불만을 제기하는 사람이 아무도 없어.

라플란드로 갔던 과학 원정대가 내 법칙이 예측한 대로
극지방에서 지구가 평평하다는 사실을 증명했어. 과학자로서 내
신뢰도와 인기가 더욱 커졌지.

한편 윌리엄 왕이 죽고 1707년 5월 1일, 잉글랜드와
스코틀랜드가 영국(그레이트 브리튼)으로 합쳐졌어.
메리의 여동생인 앤이 새 여왕이 되었지. 나는 기꺼이 앤
여왕을 존중하고 믿었어. 앤 여왕은 나에게 기사 작위를
주었어. 훈작사가 된 거야.

사실 나에게 맞서는 유명한 적들과 나를 깎아내리려는 사람들이
꽤 있었어. 그중 내가 제일 싫어했던 사람은 바로 독일의
철학자인 고트프리드 빌헬름 라이프니츠였어. 라이프니츠는
내가 가장 공들인 발명 중 하나를 자신의 것이라고 우겼지.

실제로 라이프니츠가 나와 거의 같은 시기에 내 발명에 대해
알지 못한 채 스스로 확실한 결과를 얻긴 했어. 하지만 나는
물러서지 않았지. 나는 왕립학회에 그를 표절로 고소했어.
불쌍한 라이프니츠는 자신이 이룬 많은 업적을 인정받지도 못한
채 숨을 거두었어.

뉴턴의 실제 성격은 어땠을까?

아이작 뉴턴이 평생 수집했던 수많은 초상화 가운데 하나예요. 뉴턴은 항상 자신의 대중적 이미지에 굉장히 신경을 썼어요. 그는 아주 힘 있는 사람이 되었어요. 요즘으로 따지면 '과학계의 지도자'라 할 수 있지요. 뉴턴은 친구들에게는 호의를 베풀고 적들에게는 무자비했어요. 만유인력의 법칙을 발견한 사람으로서 뉴턴은 전설이 되었어요. 칼 대신 수학 법칙을 휘두르는 영웅으로 여겨졌지요. 귀족들의 존경을 받았고 런던 시민들에게 사랑받았어요. 하지만 아주 외로운 사람이기도 했어요. 뉴턴은 엄청난 비밀들을 간직했고 대부분의 사람들이 받아들이지 못할 생각을 갖고 있었지요.
뉴턴은 항상 정직했고 한결같았으며 마지막 순간까지도 변함이 없었어요.

18. 겨울의 마지막 밤

봄이 코앞으로 다가왔을 때였어. 나는 많이 아팠어. 친척들, 하인들, 의사들이 보라색 의자와 진홍색 벨벳 커튼으로 장식한 내 붉은색 집에 모여 있었지. 다들 나를 아주 많이 걱정하고 있었어.

나는 우주의 작용, 행성과 혜성과 은하의 움직임을 설명하는 법칙을 발견한 사람이야. 하지만 지긋지긋한 담석 합병증은 극복하지 못했지.

나는 불평을 늘어놓는 성격이 아니야. 나는 결코 불평한 적이 없었어. 하지만 웃지도 않았지. 나는 살면서 웃은 적이 별로 없어. 딱 한 번 폭소를 터뜨린 적이 있었는데 이런 질문을 받았을 때였지.

"유클리드의 원론을 읽는 게 무슨 의미가 있지요?"

 이런 밤이면 내가 얼마나 이상한 인생을 살았는지 생각하게 돼.

나는 놀라운 수학자였지만 내가 발견한 많은 것들을 오랫동안 감추고 살았어.
나는 당대 가장 위대한 과학자로 인정받았지만, 중세시대 마술사들처럼 납을 황금으로 바꿔줄 현자의 돌과 연금술 이론을 만들어보려 했지.
나는 진실을 찾아 고서를 뒤졌고 내가 찾은 불가사의한 비밀들을 혼자서만 간직했어.

나는 결혼을 하지 않았고 자식도 없었어. 그 대신 항상 학생들과 제자들에게 둘러싸여 있었어. 그리고 멋진 내 조카가 나를 보살펴주었지.

나는 늘 아주 비사교적이고 어두운 성격을 갖고 있었지만 항상 모든 사람에게 존경을 받았어.
나는 재산을 어마어마하게 모았어. 그리고 집, 땅, 3만 파운드어치의 무기명 채권(현재 시세로 대략 130억 원)을 친척들에게 남겼지. 하지만 내가 인류에 남긴 가장 큰 유산은 바로 만유인력의 법칙이야.
글도 읽을 줄 몰랐던 농부의 자식이 이룬 일치고는 나쁘지 않지. 아마 이게 내가 가장 자랑스러워하는 일일 거야.

안녕! 뉴턴!

아이작 뉴턴은 1727년 3월 20일, 84세의 나이로 마지막을 맞았어요.
새벽 한 시쯤, 별로 특별할 것 없는 일반 감염으로 이 세상과 자신의 나라 영국을 떠났지요.

지금 같았으면 우리의 강인한 뉴턴은 아마 100세까지도 너끈히 살았을 거예요.
뉴턴은 런던 귀족들과 어마어마한 군중이 참석한 화려한 국장을 치른 뒤 웨스트민스터 사원에 묻혔어요. 뉴턴을 엄청나게 추종하던 철학자 볼테르도 이 국장을 목격했지요.

몇 년 후 뉴턴의 친척들이 사비를 들여 웨스트민스터 사원에 웅장한 바로크식 기념비를 세웠어요. 얕은 돋을새김을 한 석관에 두 천사가 프리즘, 망원경, 태양계 지도를 가지고 노는 형상이지요.
라틴어로 된 비문에는 이렇게 적혀 있다고 하네요.
"우리 인류에 이토록 위대한 인물이 존재했음을 대단한 영광으로 여기리."

지나치다고?

이 정도는 아무것도 아니야! 저 세계적인 천재에게는!

중력 사전

갈릴레오 갈릴레이

1564~1642년. 갈릴레오 갈릴레이는 최초로 중력을 연구하고 정의하려 한 사람이다. 그는 기울어진 피사의 사탑에서 실험을 했다.

고양이 출입구

뉴턴이 빛에 관한 실험을 하던 중, 자기 고양이가 마음껏 들락거릴 수 있도록 앞문에 구멍을 만들었다는 흥미로운 일화가 있다. 고양이가 새끼들을 낳자 새끼고양이 수만큼 문에 많은 구멍을 뚫었다고 한다.

관성

물체가 멈춰 있거나 움직이는 상태를 유지하려는 성향을 말한다. 물체가 지닌 질량에 따라 그 크기를 숫자로 나타낼 수 있다.

광자

광자는 빛으로 이뤄진 '에너지 꾸러미'이다. 광자는 '입자'의 특징을 지니고 있지만 실제로는 전자파 '꾸러미'이다.

광학

빛 현상을 연구하고 시력을 향상시키는 기구를 만들어내는 학문이다.

구심력

구심력은 중력이다. '구심'은 '중심'을 향해 끌어당긴다는 뜻이다. 뉴턴이 구심력이라 이름 지었다. 이는 물체, 태양계, 전체 우주를 한데 붙잡아두는 힘이다.

굴절

빛이 투명한 물체(프리즘이나 물)를 통과할 때 방향이 바뀌거나 굴절된다. 아래 그림에서 뉴턴이 자신의 망원경을 설계하기 위해 반사와 굴절을 어떻게 이용했는지 볼 수 있다. 뉴턴이 직접 그린 그림이다.

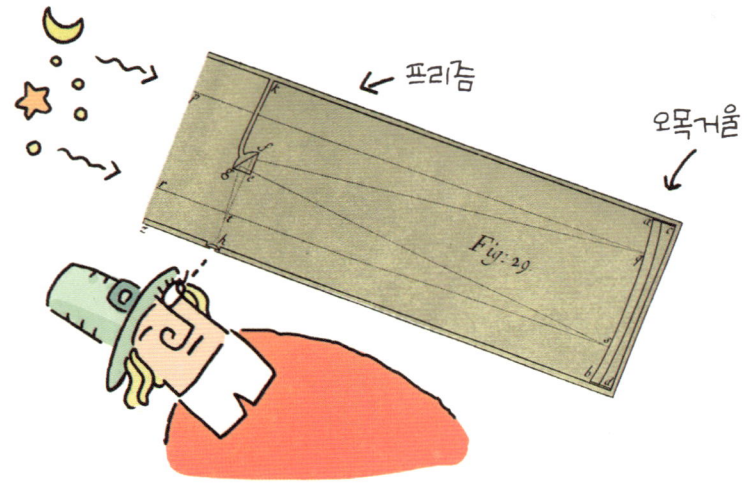

궤도

궤도는 행성이나 혜성, 인공위성이 다른 천체 주위를 도는 경로를 일컫는 말이다. 뉴턴의 법칙은 행성, 혜성, 우주 쓰레기까지 타원형 궤도로 도는 이유를 설명하고 있다.

그리니치

그리니치는 런던의 교외에 있다. 1675년 이후로 찰스 2세가 설립한 유명한 관측소가 자리 잡고 있는 곳이다. 그리니치를 통과하는 자오선(북극과 남극을 잇는 상상의 선 - 옮긴이)이 경도 0도의 본초자오선(경도와 시간대의 기준이 되는 자오선 - 옮긴이)으로 정해져 있다.

그림

뉴턴은 그림을 자주 즐겨 그렸다. 그림 그리기가 문제를 이해하는 데 도움이 되기 때문이었다. 빛을 회절시키고 재구성하는 실험을 보여주는 이 그림은 뉴턴이 직접 그린 것이다.

동전 깎기

금, 은 동전의 가장자리를 깎아내 거기서 나오는 귀한 가루를 얻는 것을 말한다. '보호'용 글자를 동전의 가장자리에 새겨 넣고서야 문제가 해결되었다.

라이프니츠, 고트프리드 빌헬름

1646~1716년. 독일의 수학자이자 철학자다. 라이프니츠는 무엇보다 역사상 첫 기계식 계산기를 디자인했고 현재 컴퓨터 공학에서 사용되는 '2진 체계'의 사용을 제안했다. 뉴턴과 별개로 미분법을 만들어냈다. 뉴턴은 라이프니츠를 표절로 고소했다.

라이프니츠

만유인력

만유인력은 우주에서 가장 강력한 힘이다. 이것은 행성들이 태양 주위에서 자신의 궤도를 벗어나지 않게 해주는 힘이다. 이 힘이 물체를 서로 붙잡아두는 것이다. 아무것도 이 힘을 멈추게 할 수 없다. 중력과 혼동하면 안 되는데 만유인력이 중력의 가장 중요한 요소라는 사실은 여전하다. 뉴턴은 두 물체의 질량이 클수록 이 힘이 커지고 두 물체 사이의 거리가 멀어질수록 끌어당기는 힘이 줄어든다는 사실(두 물체의 질량에 비례하고 거리의 제곱에 반비례해서 끌어당긴다는 사실)을 보여주었다.

망원경

뉴턴이 새로운 모델을 설계하기 전에 만들어진 망원경들은 더 길고 컸지만 시야가 형편없었다.

무게

물체에 작용하는 중력의 힘을 말한다. 중력이 강할수록 물체는 더 무거워진다. 중력이 없는 곳에서는 무게도 없다.

무중력 상태

지구에서 멀리 떨어져 지구 중력에서 멀어지면 무중력 상태에 다다를 수 있다.

반사

광선이 표면에 부딪혀 광원으로 다시 돌아갈 때 발생한다.

반사망원경

뉴턴이 설계하고 만들었다. 반사망원경은 빛을 반사시켜 상에 포커스를 맞추는 방식으로 선명도를 높였다.

반중력 공식

반중력은 중력과 반대되는 힘에 불과하다. 물체가 그것을 끌어당기는 본체나 행성에서 멀어질수록 끌어당기는 힘은 줄어든다. 따라서 이 공식, 혹은 법칙은 중력의 힘과 같다. 이것은 마술 공식이 아니지만 우주 전체에 적용되는 법칙이다.

$$F = G\frac{m_1 \cdot m_2}{r^2}$$

보일, 로버트

1627~1691년. 보일은 아일랜드의 동식물 연구가이자 물리학자다. 그는 현대 화학의 창시자로 불린다. 보일은 연금술이라는 신비한 기술을 믿지 않았지만 뉴턴처럼 납을 황금으로 바꿀 수 있다고는 믿었다.

볼테르

1694~1778년. 볼테르는 프랑스의 학자, 철학자 겸 역사학자였다. 볼테르는 계몽주의를 이끈 인물 중 하나다. 몇 년간 영국에 망명해 있던 동안 뉴턴을 만났다.

빛

지금은 빛을 눈에 보이는 전자기 복사라 생각하지만, 빛이 입자로 구성되었다는 뉴턴의 가설이 무려 2세기가 넘도록 우세하게 받아들여졌다.

사과

사과와 관련한 에피소드는 뉴턴 전기문을 쓴 여러 작가들, 그리고 특히 볼테르가 언급했다. 진짜 그 일이 있었는지는 확실하지 않지만 떨어지는 과일을 보고 그토록 위대한 발견을 떠올렸다는 아이디어는 아주 근사하다.

속도

이동한 공간과 이동하는 데 걸린 시간 사이의 관계를 말한다. 만약 속도가 변한다면 변동한 속도와 변동이 일어난 시간 사이의 비율과 같은 가속도를 갖게 된다.

수은

연금술사들이 아주 선호했던 금속이다. 수은은 특이한 성질을 지니고 있는데 그 중 실온에서 액체로 변한다는 사실이 가장 특이하다. 수은은 독성이 아주 강하다. 뉴턴이 죽고 수년이 흐른 뒤 머리카락을 분석한 결과 인체에 무해한 양의 열 배가 넘는 수은이 발견되었다.

스펙트럼

보통 오래된 집을 떠도는 유령처럼 눈에 보이지 않기 때문에 뉴턴은 이를 스펙트럼이라 불렀다. 빛줄기를 구성하는 다양한 색채를 띤 빛들을 말한다. 실제로 (빛을 굴절시키고 반사하는 미세한 물방울이 만들어내는) 자연현상인 무지개에서도 스펙트럼을 볼 수 있다.

아인슈타인, 알버트

1879~1955년.
뉴턴은 시간과 공간을
절대적이라고 보았다.
하지만 아인슈타인은
시간이 상대적이고
우주의 특정한
장소에서는 시간이 멈출
수도 있다고 말했다.

앤 여왕

1665~1714년. 앤은 1702년 3월 8일,
잉글랜드와 스코틀랜드, 아일랜드를
통치하는 여왕 자리에 올랐다.
1707년 5월 1일에 잉글랜드와
스코틀랜드가 한 왕국으로
통합되었고 앤은 대영제국의
첫 통치자가 되었다.

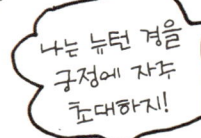

역학

움직이는 물체와 그것을
움직이는 힘을 연구하는
학문이다. 뉴턴은 세 가지 가장
중요한 운동법칙에 대해 말했다.

연금술

현대 화학을 이끌었다. 그 유명한 현자의 돌을 찾고 물질을 변화시키는 것이 연금술의 목적이었다. 뉴턴은 마지막 위대한 연금술사 중 한 사람이었다.

우주

우주의 뜻은 '존재하는 모든 것'이다. 하지만 일부 현대 물리학자들에 따르면 하나 이상의 우주가 존재할 수도 있다고 한다.

원심력

원심력은 회전하고 있는 물체에서 바깥으로 밀어내는 힘이다. 예를 들어 수하물 컨베이어 벨트나 드럼 세탁기에서 볼 수 있다. 지구 또한 스스로 어지러울 정도의 빠른 속도로 회전하면서 어느 정도 원심력이 생긴다. 하지만 (구심) 중력이 훨씬 더 강력하다 보니 다행히 우리의 발이 지면에 단단히 붙어 있을 수 있다.

절대 시간

뉴턴은 우주 전체에 걸쳐 시간이 똑같이 흐른다고 믿었다. 하지만 이후에 알버트 아인슈타인이 시간이 '상대적'이라는 사실을 입증했다. 이를테면 지구에서는 우리가 빛의 속도에 가까울수록 시간이 느려진다. 우리가 별이나 커다란 행성에 접근할 때도 시간이 느려진다. 우주에는 시간이 멈춰 있는 곳들도 있다.

조수

조수는 바다의 높낮이 변화를 부르는 말이다. 조수는 지구의 원심력과 태양과 달의 중력에 영향을 받을 뿐 아니라 해면의 깊이와 해안의 형태와도 연관이 있다. 그 결과 특정한 장소에서 급격한 해일이 발생하는데 그 높이가 10미터에 이를 수도 있다.

조폐국

주화를 만들어내는 곳이다. 뉴턴은 런던 조폐국을 관리했다.

중력

물체를 반드시 땅에 떨어지게 만드는 속성을 말한다. 중력은 뉴턴의 만유인력의 법칙을 따른다. 모든 물체는 그 질량에 비례하는 힘으로 지구의 중심으로 끌어당겨지는데 그 주요 요소는 지구의 만유인력이다.

중력가속도

중력은 같은 속도(9.8m/s)로 지구 중심을 향해 떨어지는 모든 물체의 운동을 가속시킨다. 실제로는 공기 저항이 중력의 균형을 잡아주기 때문에 물체 (혹은 낙하산을 타고 뛰어내리는 사람)가 특정 속도를 초과하지 않는다.

중력중심

물체의 중력은 주변의 어떤 물체든 자신의 중력중심을 향해 끌어들인다. 지구의 경우, 지구 핵으로 끌어당긴다. 각 물체는 자기만의 중력중심이 있다.

지구 모양

지구는 극지방에서 평평하고 적도에서 더 넓어지는데 적도에서의 자전 속도와 원심력은 모두 극지방보다 더 크다. 많은 우주탐사대가 적도에서 출발하는 이유는 지구 중력에서 더 쉽게 벗어나기 위해서다.

질량

직관적으로 우리는 물체의 질량이 그것을 구성하는 '물질의 양'에 해당한다고 말할 수 있다. 물리학에서는 관성 상태를 벗어나게 하려고 물체에 가해진 힘과 그에 따른 가속도 사이의 관계를 이용해 질량을 수치로 나타낼 수 있다.

찰스 1세

1600~1649년. 영국의 왕. 1649년, 단두대의 이슬로 사라졌다. 그가 죽은 후 독재자 크롬웰이 이끄는 청교도 폭정이 시작되었다. 이 그림은 네덜란드 화가 안툰 반 다이크가 그린 찰스 1세의 유명한 초상화다.

케임브리지

영국의 대학들 가운데 가장 명성 있는 대학 중 하나다. 1209년, 케임브리지만큼이나 명예로운 대학인 옥스퍼드 대학을 떠난 학생들과 교수들이 설립했다.

케플러, 요하네스

1571~1630년. 독일의 천문학자다. 코페르니쿠스와 갈릴레이의 아이디어를 열렬히 지지했던 케플러는 행성이 타원형 궤도로 태양 주위를 돈다는 사실을 발견했다.

코페르니쿠스 체계

현재 우리가 알고 있는 태양계다. 태양(고대 그리스 신화 속 태양신 헬리오스)이 그 중심에 있고 행성들이 그 주위를 돈다는 뜻에서 태양 중심 체계 지동설이라고도 불린다.

코페르니쿠스, 니콜라우스

1473~1543년. 코페르니쿠스는 지구가 태양 주위를 돌지 태양이 지구 주위를 도는 것이 아니라고 주장한 최초의 '근대' 천문학자였다. 당시에는 이 가설이 이단으로 여겨졌다. 코페르니쿠스가 이 가설을 주장한 책은, 만약의 사태를 대비해, 그가 죽고 나서 출판되었다.

타원

기하학에서, 두 정점에서의 거리의 합(d1 + d2)이 일정한 점집합을 말한다. 두 정점에 실을 각각 연결시키고 그 실에 연필을 걸어 타원을 그릴 수 있다. 행성과 혜성의 궤도는 타원형이다.

프리즘
주로 유리로 만들어진 투명한 고체로 빛의 방향을 바꿀 수 있다(이는 굴절 현상이라고도 한다).

플램스티드, 존
1646~1719년. 플램스티드는 그리니치 천문대의 왕실 천문학자였다. 뉴턴은 자신의 영향력을 이용해 플램스티드가 관측한 데이터를 손에 넣었다.

핼리 혜성
뉴턴의 공식 덕분에 에드몬드 핼리는 이후 자신의 이름으로 불리게 될 그 혜성의 궤도를 계산할 수 있었다. 그가 최초로 핼리 혜성이 되돌아올 것을 예상했고 실제로도 평균 75.3년을 주기로 반복해서 모습을 드러내고 있다. 마지막으로 하늘에 핼리 혜성이 나타난 것은 1986년이었다. 다음 방문은 2061년으로 예상된다.

혜성

주로 얼음으로 이뤄진 천체 물질로 아주 기다란 타원형을 그리며 태양계의 궤도를 돈다. 혜성을 관측하는 일이 아주 드문 데다 예측이 불가능해서 나쁜 징조로 여겨졌다.

훅, 로버트

1635~1703년. 훅은 영국의 동식물연구가, 물리학자 겸 발명가다. 그는 현미경을 비롯해 많은 과학기구를 발전시켰다. 또한 '세포'라는 단어를 만들어내기도 했다. 훅은 왕립학회에서 실험 관리자로 일했다.

흑사병

이 병을 일으킨 전염성 세균(Yersinia Pestis)은 1894년, 그 균을 분리해낸 스위스의 의사 알렉상드르 에밀 장 예르상의 이름을 따서 지었다. 인간과 쥐들이 이 균에 감염되었는데 벼룩이 원인이었다. 흑사병은 도시의 위생 상태가 개선되고 병을 퍼트리는 쥐가 사라지고 나서야 없어졌다.

위대한 뉴턴도 그 원인을 상상조차 못 했을 것이다. 그래도 뉴턴은 때맞춰 쥐들에게서 멀리 떨어져 있었다.

힘

힘은 물체의 모양, 움직임, 팽창, 밀고 당김에 변화를 준다.

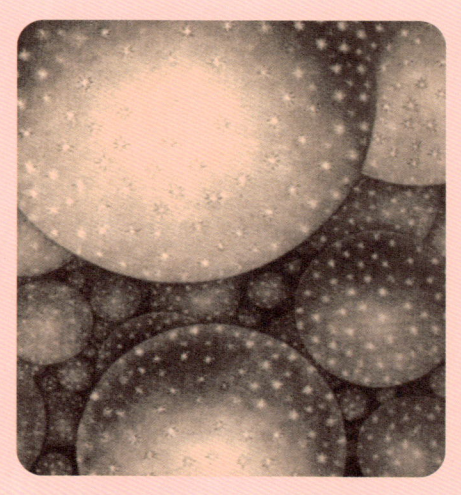

"진리는 단순함에서 찾을 수 있지
사물의 다양성과 혼란에서
찾을 수 있는 것이 아니다."

– 아이작 뉴턴

별별 천재들의 과학 수업 ❺

뉴턴과 세상을 바꾼 사과

1판 1쇄 찍은날 2020년 7월 1일
1판 2쇄 펴낸날 2021년 4월 26일

쓰고 그린이 **루카 노벨리** | 옮긴이 **김영옥**
펴낸이 **정종호** | 펴낸곳 **(주)청어람미디어**(청어람아이)
편집 **박세희** | 마케팅 **황효선** | 제작·관리 **정수진** | 인쇄·제본 **(주)에스제이피앤비**
등록 1998년 12월 8일 제22-1469호
주소 03908 서울 마포구 월드컵북로 375(상암동 DMC 이안상암 1단지) 402호
전화 02-3143-4006~8 | 팩스 02-3143-4003

ISBN 979-11-5871-137-5 74400
　　　979-11-5871-128-3 (세트)

잘못된 책은 구입하신 서점에서 바꾸어 드립니다. 값은 뒤표지에 있습니다.

품명: 아동도서 | 사용연령: 8세 이상
제조국명: 대한민국 | 제조년월: 2021년 4월 | 제조자명: 청어람미디어
전화번호: 02-3143-4006 | 주소: 03908 서울 마포구 월드컵북로 375, 402호
종이에 베이거나 긁히지 않도록 조심하세요.
책 모서리가 날카로우니 던지거나 떨어뜨리지 마세요.
KC마크는 이 제품이 공통안전기준에 적합하였음을 의미합니다.

별별 천재들의 과학 수업 시리즈는 출간 후 20년 동안 전 세계의 수많은 언어로 출간되어 어린이 독자들에게 가장 많이 사랑받아온 과학 위인전입니다. 인류 역사를 바꿔놓은 위대한 과학자들의 삶과 업적을 통해 과학하는 즐거움을 느끼고 과학자의 꿈을 키워 보세요.

별별 천재들의 과학 수업

호킹과 신비한 블랙홀
루카 노벨리 글·그림 | 김영옥 옮김 | 112쪽 | 12,000원

건강 문제로 인해 휠체어를 타고 목소리를 잃는 역경을 극복하고 우주의 시작과 끝인 빅뱅과 블랙홀을 탐구하여 우주에 대한 새로운 지평을 열어준 호킹의 삶과 과학 이야기.

아인슈타인과 신기한 타임머신
루카 노벨리 글·그림 | 정수진 옮김 | 112쪽 | 12,000원

바이올린을 사랑했고 괴짜였던 어린 시절부터 물리학에 대한 열정을 키우며 특허청에서 일했던 경험, 그리고 상대성 이론과 평화를 향한 열정까지 아인슈타인의 삶과 과학 이야기.

테슬라, 전기의 마술사
루카 노벨리 글·그림 | 김영옥 옮김 | 112쪽 | 12,000원

교류전류, 전기자동차, 원격조종, 레이더에서부터 수직 이륙 비행기에 이르기까지 오늘날 우리가 매일 사용하는 많은 기술을 누구보다 먼저 예견하고 발명했던, 전기의 마술사 테슬라의 삶과 과학 이야기.

다윈과 어마어마한 공룡
루카 노벨리 글·그림 | 정수진 옮김 | 128쪽 | 12,000원

영국의 시골에서 달팽이를 잡던 어린 시절, 비글호를 타고 세계를 항해한 이야기, 폭발적인 반응을 이끌어낸 진화론, 지렁이를 관찰한 이야기까지 다윈의 삶과 과학 이야기.